Cómo hacer una página de Internet con WordPress

Marco Antonio de Jesús Escobedo Palma

2

Dedicado a mi familia y amigos.

Sobre el autor

Me llamo Marco Antonio de Jesús Escobedo Palma y soy egresado de la carrera de Licenciado En Comunicación y Periodismo de la Facultad de Estudios Superiores Aragón de la Universidad Nacional Autónoma de México (UNAM).

Me apasiona el crear portales de Internet y el administrador de contenido WordPress.

Esta obra la hago basándome en años de ser administrador de portales de Internet.

El texto va enfocado a aquellos que no saben cómo comenzar con un proyecto de página de Internet.

Espero que esta obra te ayude a la hora de entender cómo hacer una página de web.

Agradezco a mi familia y amigos por su apoyo al hacer este compendio.

Capítulo 1

El hosting y el dominio

De seguro algún día has tenido la idea de crear una página de Internet, pero al no tener los conocimientos para hacerla has cedido en tu idea.

Yo te enseñaré a cómo hacer una web lo más fácil posible.

Primero, necesitas saber que lo que requieres para crear un portal es un hosting y un dominio.

¿Pero qué es uno hosting y un dominio? El primero es el servicio que almacenará los archivos de tu web en un servidor (hay diferentes tipos), mientras que el segundo es la dirección que tendrá tu sitio como por ejemplo misitio.com.

Cabe señalar que si quieres hacer una página de Internet que calculas que tendrá muchas visitas y utilizará muchos recursos (CPU, Memoria Ram, cantidad de procesos, espacio en disco) debes de adquirir un hosting a la altura.

Recuerda que entre más plugins (extensiones de aplicación) le instales al portal, la página usará más recursos.

Así que si quieres hacer un sitio que use numerosos plugins debes de conseguir un servicio de hosting robusto para poder montar tu página, de lo contrario es muy probable que tu portal se caiga.

Cabe mencionar que en lo que también te tienes que fijar muy cuidadosamente es si el hosting tiene asistencia técnica de calidad y en tu idioma.

Ello, es imprescindible por si acaso ocurre algún imprevisto con tu web. Si ocurriera ello, ya sabes que puedes contar con el servicio técnico de tu alojamiento.

Asimismo, te recomiendo que te fijes antes de adquirir uno si el hospedaje web tiene instalador fácil de aplicaciones, como WordPress, Joolma…

De esta manera, debes escoger un servicio de hosting que a ti te de confianza y que sea de calidad.

Yo he tenido amargas experiencias con algunos servicios de hosting, los cuales no han estado a la altura de proyectos.

Para escoger un buen servicio de alojamiento web, te recomiendo también que busques referencias positivas sobre el servicio de hosting que te haya interesado.

En Internet, hay numerosos artículos que traen experiencias de gente en diferentes servicios de hosting web.

En cuanto al dominio, te aconsejo que éste sea el que más describa el contenido de tu portal y que esté disponible para su compra. Por ejemplo, si quieres hacer una página de Internet de libros, un posible buen nombre de dominio sería libreriamarco. com.

Bueno, tú puedes ir pensando tu nombre de dominio ideal. No hay reglas estrictas para escoger un nombre de dominio.

Ya que tengas estos dos servicios, debes de vincular el dominio con el hosting a través de los servidores DNS.

Ello, se hace en el panel de la empresa que te da el dominio. Si conseguiste el dominio y el hosting en una misma compañía, la mayoría de veces estos dos servicios vienen ya vinculados, de lo contrario ponte en contacto con el servicio técnico de la firma que te da ambos servicios.

Hay empresas que traen manuales, para llevar a cabo aquella acción. O incluso el propio servicio técnico de ellas, te realiza la vinculación de ambos servicios.

Una vez vinculados el hosting y el dominio debes proceder a instalar una aplicación en el servidor.

Ello, se logra desde el C-Panel de tu cuenta de hosting.

Habrá que mencionar que la aplicación que más se usa en portales es WordPress y que desde ahora nos enfocaremos a ella.

Dicho administrador de contenido posee todo para hacer una buena página de Internet, desde plantillas hermosas, hasta plugins de todo tipo.

Además, WordPress es muy fácil de usar, ya que no se requiere muchos conocimientos técnicos para manejarlo.

Si tiene instalador fácil de aplicaciones tu cuenta de hospedaje web, debes ir al accesorio en el C-Panel de tu hosting (si no lo encuentras ponte en contacto con el servicio de soporte de tu hosting, para que te diga cómo acceder al apartado) y escoger aquella aplicación entre las numerosas aplicaciones de administración web que hay y hacer lo que el instalador solicita (por lo general un instalador de aplicaciones webs pide el nombre de la página, la descripción del sitio, la url del portal, un E-mail, una contraseña...) para instalar el programa en un servidor.

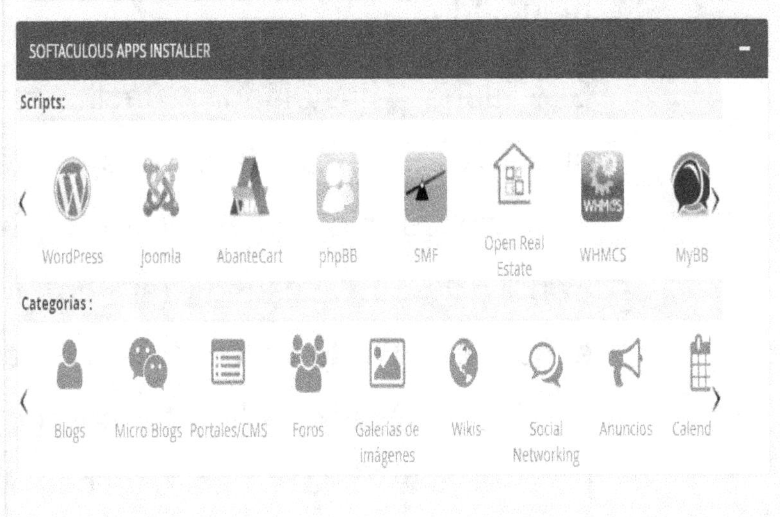

Una vez completados los pasos, ya debería de verse tu página en la web.

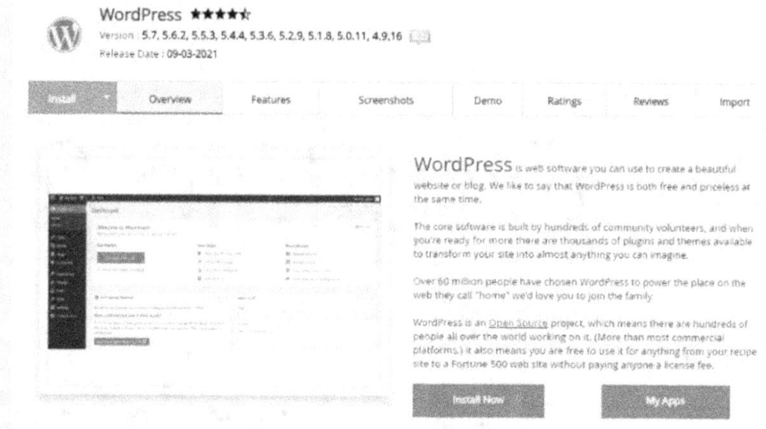

Debo mencionar que a veces tarda un poco en mostrarse una página de Internet, porque las direcciones DNS no se han expandido por las diferentes partes del mundo.

Así, tienes que esperar a que se visualice el sitio unas horas o días. De lo contrario ponte en contacto con el servicio técnico de tu hosting,

para que te asesoren sobre el tema.

Capítulo 2

El Caché

Ya cuando se visualice tu web en WordPress, verás que tiene una plantilla por defecto o que tu escogiste a la hora de instalar la aplicación.

Si no estás conforme con la plantilla que tiene tu web, puedes buscar en Internet plantillas gratuitas o de pago.

En la página Wordpress.org hay muchas plantillas gratuitas, con las cuales puedes vestir tu página.

Otra página web que da plantillas gratis para WordPress es Acmethemes.com. Dicho portal ofrece decenas de plantillas gratis (y de pago), las cuales son hermosas y fáciles de usar.

Cuando tengas ya la plantilla escogida, la tienes que descargar y luego subirla a tu portal hecho en esa aplicación.

Ello, se logra yendo al escritorio de WP, dándole clic a la pestaña "Apariencia" y luego entrando a "Añadir nuevo". Ahí es donde está la opción "Subir tema", a la cual le debes dar clic.

Tras subir el tema, lo tienes que activar en la pestaña "Temas", después de darle clic a "Apariencia".

En ese lugar es donde puedes también visualizar cómo se vería una plantilla en el sitio.

Una vez que tengas el tema activado, puedes personalizarlo dándole clic a la pestaña "Apariencia" y luego dándole clic a la opción "Personalizar".

Dependiendo de la plantilla, te saldrán opciones en "Personalizar" para poderla editar.

Habrá que indicar que para que veas como luce una plantilla, debes de subir algo de contenido a tu web (ello se logra en la pestaña "Entradas" y/o "Páginas" en "Añadir Nueva" publicando alguna imagen o algo escrito en alguno o ambos apartados).

Debo señalar que hay plantillas de WP que traen sus propios widgets (adornos de una web) o que te piden algunos plugin para poder verse tal como aparecen en la página de Internet donde las descargaste.

Una vez que tengas la plantilla seleccionada y activada es hora de instalarle el caché de página (extensión que hace que una web aguante más visitas y use menos recursos) a tu página a través de un plugin.

Habrá que mencionar que el caché de página es indispensable para un sitio web, porque sin la extensión se caería con solo unas decenas de visitas simultaneas el portal.

Para instalar ese caché, te recomiendo usar el plugin gratuito llamado WP Super Caché o la extensión de nombre WP Fastest Caché.

Cabe indicar que en la pestaña "Plugins" puedes instalar uno de los dos accesorios.

Esos plugin los he probado, son fáciles de configurar, dan muy buenos resultados y los puedes descargar desde la página Wordpress.org o instalarlos directamente desde tu Escritorio de WP dándole clic a la pestaña "Plugins" y luego en "Añadir nuevo".

Tras ello, debes de poner el nombre del plugin que quieres instalar en el buscador de "Añadir Nuevo" y si está en el contenedor de WordPress te aparecerá para instalarlo desde ahí.

Instala y luego activa la extensión que escogiste desde "Plugins" y vete a su configuración (que debe estar en el Escritorio de WP) e inicia el Caché.

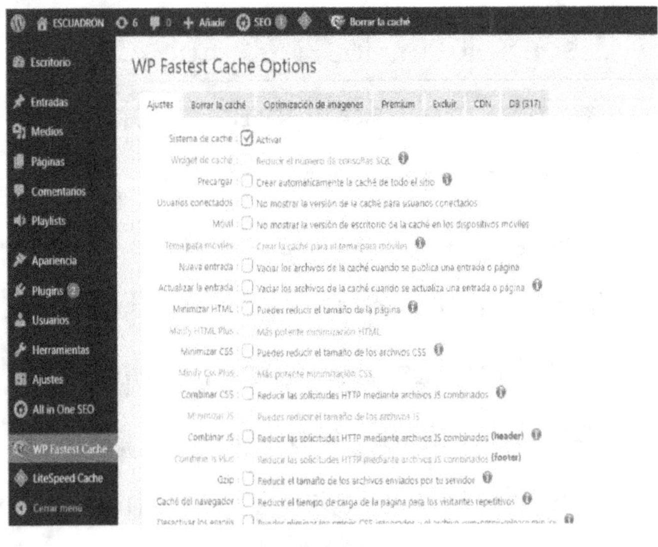

Tras tener listo el cache en tu portal, te recomiendo que también instales los plugins All in One SEO y Google XML Sitemap.

Estos accesorios para web te ayudarán con el SEO del sitio.

Por su parte, All in One SEO en su versión gratuita te ayudará a que puedas ponerle desde el Escritorio de WordPress una descripción para buscadores y un título SEO a las páginas y entradas de tu sitio, además de a la página principal.

Te recomiendo que lo hagas desde cada nueva entrada y/o página que crees y desde el escritorio de la extensión en "Lanzar asistente para la configuración" para la página principal, para que tengan más posibilidades de tener visitas desde los motores de búsqueda.

 Mientras que Google XML Sitemap te ayudará haciendo un mapa del sitio, el cual debes enviar (luego de registrarte en Google Search Console) a Google… Una vez activada la extensión puedes ver el sitemap desde tudominio.com/xmlsitemap.xml.

Cabe indicar que el plugin se puede configurar dándole clic a la opción "Ajustes" y luego a "XML Sitemap".

Tras instalar, activar y/o configurar estos accesorios, te aconsejo asimismo que le instales el CDN (Red **de** Entrega **de** Contenidos) gratuito Cloudflare a tu portal, ya que éste hace que las páginas usen menos recursos.

Para ello, debes de ir a la página https://www.cloudflare.com/ y registrarte en ella.

Luego de ello, debes de agregar tu portal a dicha plataforma en el sitio y colocar las direcciones DNS que te diga aquel servicio en el administrador de tu dominio.

Con Cloudflare instalado puedes acceder a un certificado SSL gratuito (el candado verde que tienen numerosos sitios que los muestra como seguros), además de más opciones de optimización, las cuales tunearán tu portal.

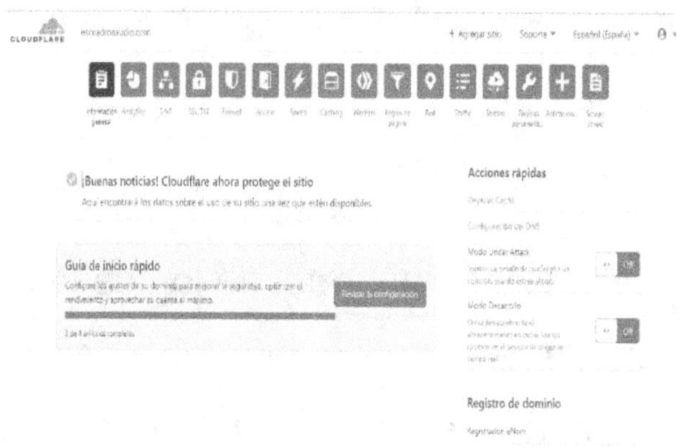

Ello, se logra desde el panel de la plataforma en sus diferentes opciones.

Cabe señalar que Cloudflare tiene también versiones de pago, las cuales puedes ver en el portal.

Tras hacer todo esto, ya tendrás tu portal listo y optimizado para subir el verdadero contenido al sitio.

Cosas extra

Si quieres modificar más la apariencia de tu portal de lo que te lo permite tu plantilla puedes usar el plugin Elementor, el cual tiene una versión gratuita.

En la dicha versión gratuita del plugin, puedes añadir texto, botones e imágenes a cada página o entrada de tu portal desde ellas.

Habrá que indicar que para ello debes diferenciar qué es una página y qué es una entrada.

Te tengo que decir que la entrada es un artículo, mientras que la página es un lugar donde puedes poner también texto e imágenes, pero que no va enfocado a ser un artículo de tu sitio.

Generalmente las páginas se usan para hacer los apartados de Contacto, ¿Quiénes somos?, Servicios y Equipo en una página de Internet.

Google News

Si tu página es un sitio de noticias, te recomiendo que la metas a Google Noticias en el Centro de Editores de Google News.

Ello, ayudará a tu portal a subir su ranking en los buscadores web.

Cabe indicar que todo para que puedas incluir tu portal en aquel apartado de Google está en el siguiente enlace: https://support.google.com/news/publisher-center/.

Creo que todo esto te ayudará a hacer un buen portal web. Te agradezco hayas leído esta obra y te deseo lo mejor.

Gracias…

www.ingramcontent.com/pod-product-compliance
Lightning Source LLC
Chambersburg PA
CBHW070235260726
48658CB00006BA/2339